LETTRES
PATENTES DE
DECLARATION DV ROY,

Portant deffenses à tous ses subjectz
de faire aucun trafficq n'y commerce
au Royaume d'Angleterre.

*Publiée à Rouen en Parlement l'audience seant, le quator-
ziesme iour de May, mil six cens vingt-sept.*

A ROVEN.
DE L'IMPRIMERIE.
De MARTIN LE MESGISSIER, Imprimeur
ordinaire du Roy, tenant sa boutique au haut
des degréz du Palais.

M. D. C. XXVII.

Du quatorziéme iour de May, mil six
cens vingt-sept, A Roüen en
la Cour de Parlement.

SVR les Lettres patentes de Declaration du Roy, données à Paris le
huictiéme de ce mois, Par lesquel-
les ledict Seigneur pour garantir ses subjectz
des ruines & pertes qu'ils ont souffertes
& souffrent tous les iours, par la continuation des arrestz & dépredations que les
Angloys font sur eulx à la Mer & en Angleterre, A interdict pour l'aduenir tout commerce & trafficq audict Pays d'Angleterre,
Et faict deffenses à tous sesdicts subjectz de
quelque qualité & condition qu'ils soyent,
Mesmes aux Angloys residents en ce Royau-

A ij

me, Commissionnaires, où autres estrangers, d'y porter ou enuoyer aucunes marchandises quelles quelles soyent, n'y d'achapter & faire venir directement ou indirectement dudict Pays d'Angleterre aucuns Draps, Sarges, Laynes, Plomb, Estain, Charbon de terre, où autres marchandises quelscõques, A peine de confiscation. Et ordonné que tous les effectz & marchandises qui se trouuerront appartenir ausdicts Angloys en ce Royaume, seront saisiz & arrestez entre les mains de qui que ce soit, ainsi que plus au long le contiennent lesdictes Lettres, Apres quelles ont esté Iudiciairement leuës & publiées suyuant la deliberation de ce iour, Oy le Procureur General du Roy, tant en ses Conclusions par luy baillées par escript sur lesdictes Lettres, que requisition verballement faicte.

LA COVR à ordonné & ordõne que sur le reply desdictes Lettres patentes sera mis, Quelles ont esté leües, publiées, & registrées, Oy & requerant ledict Procureur General,

pour estre executées, gardées, & obseruées
selon leur forme & teneur, Seront les vi-
dimus où coppies deuëment approuuées en-
uoyez par les Bailliages & Sieges de l'Admi-
raulté de ce Ressort, Portz & Haures de
ceste Prouince, Pour y estre aussi leuz, pu-
bliez, & regiſtrez, à ce qu'aucun n'en pre-
tende cause d'ignorance. Enjoinct aux Iuges
tenir la main à l'execution desdictes Lettres,
& informer des contrauentions, & aux
Substitutz dudict Procureur General en
faire les diligences requises, & en aduertir
ladicte Cour, à peine de suspension de leurs
charges. Desquelles Lettres patentes la
teneur ensuyt.

OVIS PAR LA GRACE DE DIEV, ROY DE FRANCE ET DE NAVARRE: A tous ceulx qui ces presentes lettres verront, Salut. Deslors que les Angloys au prejudice de la paix contractée entre les deux Royaumes; & l'alliance & bonne intelligence que nous auons tousiours desiré de conseruer auec eulx, Ont commencé dépreder noz subjectz à la Mer, d'emmener leurs Vaisseaux & marchandises en Angleterre, arresté ce qui leur appartenoit audict Pays, Et contre le

droict des Gens iugé de bonne prife &
faict confifquer & vendre le tout à leur
proffict. Nous auons au mefme temps
employé tous les moyens conuenables
pour faire ceffer ces defordres, Et par
toutes fortes de voyes honnorables taf-
ché de faire mettre à effect les promeffes
frequentes qui nous ont efté faictes de
leur part, de la reftitution des marchandifes & autres chofes depredées & arre-
ftées audit Pays , fans neantmoins que
l'execution s'en foit enfuyuie, Bien que
de noftre part nous ayons donné main-
leuée des faifies de leurs marchandifes,
& de ce qui auoit efté arrefté fur eulx:
pour les obliger à rendre la Iuftice à noz
fubjectz. A quoy n'ayant rien profité
iufques à prefent, Nous nous trouuons
forcez de chercher d'autres remedes
pour garantir nofdicts fubjectz des ruines & pertes qu'ils ont fouffertes & fouf-
frent tous les iours, par la continuation

desdicts arrestz & depredations. Et
ayant mis cét affaire en deliberation en
noftre Conseil, où estoient la Royne
noftre tres-honorée Dame & Mere, noftre tres-cher & tres-amé Frere le Duc
d'Orleans, plufieurs Princes, Ducz, &
Officiers de noftre Couronne, & prin-
cipaulx Seigneurs de noftredit Conseil.
DE L'ADVIS d'iceluy, & de noftre cer-
taine fcience plaine puiffance & aucto-
rité Royalle, NOVS AVONS par ces
prefétes pour ce fignées de noftre main;
Interdit pour l'aduenir tout commerce
& traffic en Angleterre en quelque forte
& maniere que ce foit. FAISONS deffences tres-expreffes à tous noz fubiectz
& autres de quelque qualité, condition,
& nation qu'ils foyent, Mefmes aux
Angloys refidens en noftre Royaume,
Cómiffionnaires, où autres ayans chau-
ge des affaires defdits Anglois, où autres
eftrágers d'y porter où enuoyer aucunes

marchandiſes, or, argent en œuure ou
hors d'œuure, mónoyé ou non mónoyé
Grains, Vins, Legumes, où autres vi-
ures directement ny indirectement,
ſoubz quelque nom & pretexte que ce
ſoit. Et pareillement d'achapter & faire
venir dudict pays d'Angleterre en noſtre Royaume aucuns draps, ſerges, laynes, plomb, eſtain, eſtoffes, & bas de
ſoye, & de laynes, gands, couſteaux,
poiſſon de toutes ſortes, drogueries,
eſpiceries, charbon de terre, & autres
marchandiſes quelsconques, n'y en re-
çeuoir ou retenir en France de celles qui
pourroient y eſtre apportées apres ces
preſentes deffençes ſoubz quelque nom
de François, Angloys, où autre tel qu'il
puiſſe eſtre, ſoit qu'elles viennent directement d'Angleterre, où qu'elles ayent
paſſé par autres Prouinces au parauant,
A peine de confiſcation de toutes leſdi-
ctes marchandiſes, Vaiſſeaulx, charettes

& cheuaulx qui en seront chargez, & de
tout ce qui sera trouué en iceulx : quelque passeport ou permission qu'ils en
puissent auoir, Mesmes de punition
corporelle aux contreuenans, leurs facteurs & entremetteurs s'il y eschet.
Et en oultre aux Angloys residens en
cestuy nostre Royaume, de perdre tous
les priuileges qu'ils ont en iceluy. Et
affin que nostre intention soit plus exa-
ctement & soigneusement executée,
Nous auons donné & donons pouuoir
à noz Iuges & officiers des lieux, de
faire deliurer aux denonciateurs le tiers
de toutes les choses de ceste qualité qui
auront esté par eulx descouuertes & à
nous adjugées, affin de recompenser
leur trauail & diligence, & conuier tous
autres à faire le semblable quand il sera
venu quelque chose à leur congnois-
sance. Et pour euiter aux abus qui
pourroiét arriuer au prejudice de nostre

preſente Declaration, à raiſon des marchandiſes des Pays de la grande Bretai-
gne qui ſeront trouuées en noſtre
Royaume lors qu'elle y ſera publiée,
Nous enjoignons tres-expreſſément à
tous Marchans, leurs Facteurs, & autres
qui auront deſdictes marchandiſes,
qu'ils ayent à les faire marquer & enre-
giſtrer par les Iuges des lieux, les noms
& ſurnoms de ceulx à qui elles appar-
tiennent, dans huict iours apres la pu-
blication de noſtredicte Declaration,
leſquelles marques & enregiſtrements
ſeront faicts gratuitement & ſans fraiz.
Et d'autant qu'il pourroit arriuer qu'en
chargeant des marchandiſes en noſtre-
dict Royaume ſoubz pretexte de les
porter ailleurs : l'on pourroit neant-
moings les deſcharger en Angleterre,
Nous voulons & entendons pour y re-
medier, Que tous ceulx de noz ſubiectz
& autres de quelque qualité & nation

qu'ils foient, qui ferôt charger des marchandifes, foient tenus auant que de les
tranfporter hors noftre Royaume, de
s'obliger & donner bonnes & fuffifan-
tes cautions de rapporter dans vn an
certifficat des Iuges des lieux non def-
fendus ou lefdictes marchandifes auröt
efté defchargées, Et où il fe veriffiera
qu'apres ladicte defcharge de marchandifes l'on les euft apres rechargées &
portées en Angleterre, Que les cautions en demeureront refponfables, &
en feront pourfuyuis par noz officiers.
VOVLONS & nous plaift que tous les
effectz & marchandifes qui fe trouue-
ront appartenir aufdicts Angloys en ce
Royaume, foient faifis & arreftez entre
les mains de qui que ce foit, Mefmes de
leurs Commiffionnaires, Leur faifant
deffences tres-expreffes de vuider leurs
mains d'aucunes fommes de deniers ou
autres chofes qu'ils peuuent auoir auf-

dicts Anglays, à peine de les payer en
leur priué nom, & autre punition selon
l'exigence des cas. SI DONNONS
EN MANDEMENT à noz améz &
feaulx Conseillers, Les Gens tenans
noz Cours de Parlements, Baillifz, Se-
neschaulx, Preuostz , Iuges où leurs
Lieutenans, Officiers de nostre Admi-
raulté , & tous autres noz officiers qu'il
appartiendra: Que ceste nostre presente
declaration ils facent lire, publier, & re-
gistrer,& le contenu en icelle exactemét
garder,entretenir,& obseruer, sans per-
mettre qu'il y soit contreuenu , Enioi-
gnant à noz Procureurs Generaulx &
leurs Substitudz d'y tenir la main, & de
faire publier & afficher ces presentes
aux lieux accoustumez, affin qu'aucun
n'en puisse pretendre cause d'gnorance.
MANDONS aussi & ordonnons aux
Gouuerneurs & Lieutenans Generaulx
de noz Prouinces, Cappitaines & Gou-

uerneurs de noz villes, Maires & Esche-
uins d'icelles, & tous autres qu'il appartiendra & qui en serót requis, d'y prester
main-forte ayde & assistance sy besoing
est, Leur deffendant tres-expressément
de donner aucuns passeportz ny per-
missions, n'y en aucune sorte & maniere que ce soit fauoriser les contrauentions à ces presentes à peine de priua-
tion de leurs charges, Et à noz fermiers
de donner aussi aucuns congez ny per-
missions, à peine de trois mil liures d'a-
mende pour chacune contrauention, &
autres peines à l'arbitrage des Iuges, &
confiscation desdictes marchandises,
CAR TEL est nostre plaisir , EN
TESMOING dequoy nous auons faict
mettre nostre seel à cesdictes presentes.
DONNE' à Paris le huictiéme iour
de May, l'an de grace Mil six cens vingt-
sept, Et de nostre regne le dixseptiéme.
Signé, L O V I S. Et sur le

reply, PAR LE ROY.
POTIER. Et ſeellé ſur double
queuë d'vn grand ſeel de ſa Majeſté en
cire jaulne, Et ſur ledict reply.

Leuës, publiées, & regiſtrées, Oy & requerant le Procureur General du Roy,
Pour eſtre executées, gardées, & obſeruees
ſelon leur forme & teneur. A Rouen en
Parlement, le quatorzieſme iour de May,
mil ſix cens vingt-ſept.

(VSSON.